BEI GRIN MACHT SICH IHR WISSEN BEZAHLT

- Wir veröffentlichen Ihre Hausarbeit, Bachelor- und Masterarbeit

- Ihr eigenes eBook und Buch - weltweit in allen wichtigen Shops

- Verdienen Sie an jedem Verkauf

Jetzt bei www.GRIN.com hochladen und kostenlos publizieren

Bibliografische Information der Deutschen Nationalbibliothek:

Die Deutsche Bibliothek verzeichnet diese Publikation in der Deutschen Nationalbibliografie; detaillierte bibliografische Daten sind im Internet über http://dnb.d-nb.de/ abrufbar.

Dieses Werk sowie alle darin enthaltenen einzelnen Beiträge und Abbildungen sind urheberrechtlich geschützt. Jede Verwertung, die nicht ausdrücklich vom Urheberrechtsschutz zugelassen ist, bedarf der vorherigen Zustimmung des Verlages. Das gilt insbesondere für Vervielfältigungen, Bearbeitungen, Übersetzungen, Mikroverfilmungen, Auswertungen durch Datenbanken und für die Einspeicherung und Verarbeitung in elektronische Systeme. Alle Rechte, auch die des auszugsweisen Nachdrucks, der fotomechanischen Wiedergabe (einschließlich Mikrokopie) sowie der Auswertung durch Datenbanken oder ähnliche Einrichtungen, vorbehalten.

Impressum:

Copyright © 2015 GRIN Verlag
Druck und Bindung: Books on Demand GmbH, Norderstedt Germany
ISBN: 9783668730052

Dieses Buch bei GRIN:

https://www.grin.com/document/429475

Leonard Schütz

Verführung oder Vergewaltigung? Interpretation einer Interpunktion in Kleists Marquise von O.

GRIN Verlag

GRIN - Your knowledge has value

Der GRIN Verlag publiziert seit 1998 wissenschaftliche Arbeiten von Studenten, Hochschullehrern und anderen Akademikern als eBook und gedrucktes Buch. Die Verlagswebsite www.grin.com ist die ideale Plattform zur Veröffentlichung von Hausarbeiten, Abschlussarbeiten, wissenschaftlichen Aufsätzen, Dissertationen und Fachbüchern.

Besuchen Sie uns im Internet:

http://www.grin.com/

http://www.facebook.com/grincom

http://www.twitter.com/grin_com

Verführung oder Vergewaltigung?

Interpretation einer Interpunktion

in Kleists *Marquise von O…*

Inhaltsverzeichnis

                                        Seite

1. Einleitung   3
2. <u>Der</u> Gedankenstrich – Charakteristika und Rechtfertigungen   4
3. „Gegen ihren Willen oder ohne ihr Wissen?"   4
4. Motiv der Vergewaltigung   6
        4.1. Gesellschaftliche Werte   6
        4.2. Vergewaltigungsmotiv in der Literatur   7
5. Fazit   7
6. Literaturverzeichnis   8

1. Einleitung

„Er [...] bot dann der Dame, unter einer verbindlichen, französischen Anrede den Arm, und führte sie, die von allen solchen Auftritten sprachlos war, in den anderen [...] Flügel des Palastes, wo sie auch völlig bewusstlos niedersank. Hier – traf er, da bald darauf ihre erschrockenen Frauen erschienen, Anstalten, einen Arzt zu rufen; versicherte, indem er sich den Hut aufsetzte, dass sie sich bald erholen würde; und kehrte in den Kampf zurück."[1]

Die Marquise von O., also die Dame, um die es in diesem Kontext geht, stellt, nachdem sie nach innerem Unwohlsein einen Arzt um Hilfe bat, fest, dass sie schwanger ist. Wie sich im späteren Verlauf der Novelle herausstellt, geschah ihre Empfängnis mit an Sicherheit grenzender Wahrscheinlichkeit in genau dieser eben genannten Szene relativ zu Anfang, da bis zur Erkenntnis ihrer Schwangerschaft von keiner Situation berichtet wurde, in der sie in andere Umstände hätte kommen können. Daraus lässt sich schließen, dass der inmitten des Zitates stehende Halbgeviertstrich[2] den Zeitpunkt der Empfängnis darstellt bzw. darstellen könnte, selbst wenn er bloß einer – wenn auch der erste – von 77 Gedankenstrichen[3] in der Novelle sein mag. Was dem Leser jedoch in jedem Fall unklar bleibt, ist die Frage nach den näheren Umständen dieses Aktes. Explizit formuliert bleibt die Fragestellung, ob sich die Marquise verführen ließ, oder ob es sich um eine Vergewaltigung gehalten hat – also die grundlegende Thematik, ob die Marquise aus eigenem Interesse handelte oder nicht. Sicher ist lediglich, dass sie nicht bei vollem Bewusstsein war.[4]

In der Arbeit soll genauer untersucht und insbesondere anhand von direkten Textverweisen deutlich gemacht werden, was es mit dem Gedankenstrich auf sich hat, der einer der populärsten, wenn nicht sogar, auch aus Mangel an Konkurrenz, der populärste Gedankenstrich der deutschen Literatur ist.

Aufgrund des begrenzten Ausmaßes der Hausarbeit wird dabei auf den allgemeinen Inhalt des vorliegenden und bearbeiteten Primärtextes nicht weiter eingegangen.

---

[1] Heinrich von Kleist, Roland Reuß (Hgg.): Die Marquise von O.... Berliner Ausgabe. Berlin: Stromfeld/Roter Stern 1989, S. 11.
[2] Syntaktisches Graphem, welches kurzzeitige Stagnation in Erzähltext und Lesefluss verursacht.
[3] Ist im Folgenden „der Gedankenstrich" genannt, bezieht es sich nicht generell auf den Halbgeviertstrich als Interpunktion, sondern auf den spezifischen Strich in der *Marquise von O...* (Ebd. S. 11, Z. 17).
[4] Vgl. ebd. S. 11.

2. Der Gedankenstrich – Charakteristika und Rechtfertigungen

Die Novelle enthält diverse Gedankenstriche. Sie treten in Redefluss und Handlungen fast aller Charaktere auf und signalisieren unterschiedliche Aspekte. Ein solcher Gedankenstrich „schafft Raum für das Schweigen, die Rede unterbricht sich, die Gedanken stocken[…]. Er schafft zugleich auch die Verbindung zwischen zwei Gedanken, denn schließlich ist ein kein Punkt, der das eine vom anderen trennt."[5] So wird er in einigen Fällen als Kennzeichen für eine Unterbrechung, einhergehend mit der Erzeugung eines kurzen Einschnitts in den Lesefluss, genutzt, und in anderen Fällen als Merkmal, jemandem ins Wort zu fallen und dessen Gedanken weiterzuführen.[6] „Er öffnet, und unterbricht, markiert die Lücke im Text, wo Ausgeschlossenes eindringen [und] durch die Gedanken streichen kann[…]."[7]

Kleist nutzt die Gedankenstriche als rhetorisches Mittel. Einerseits erleichtert dies dem Leser, die Situation besser zu durchblicken, zumindest mehr in der Form, die Kleist vorgibt, und zwingt dem Leser in geringem Maße seine Version der Vorstellung auf. Andererseits aber ist der Leser absolut gefordert, jeden Satz, der einen Gedankenstrich enthält, penibel zu hinterfragen, um zu durchschauen, aus welchem Grund sich der Autor sich für genau die vorhandene Anordnung entschieden hat. Dadurch ist eine stärkere Auseinandersetzung mit den Gedanken der Protagonisten notwendig, was der Geschichte wiederum mehr Kontroverse und Spannung liefert.

Unabhängig davon, ob Kleist in seiner instabilen psychischen Konstitution der Formulierung einer solchen Schandtat gewachsen gewesen wäre, ist der Gedankenstrich, der die potentielle Vergewaltigung symbolisiert, vom Leser mit seiner eigenen Phantasie zu füllen und macht ihn somit gleichsam verworrener sowie bedeutsamer, aber auch dramatischer.

3. Gegen ihren Willen oder ohne ihr Wissen?

Bevor die eventuellen jeweiligen Beweggründe der Protagonisten sowie die genaueren Begebenheiten der gesamten Situation genauer betrachtet werden können, muss anhand mindestens einer Textpassage ersichtlich sein, ob der in der Novelle eben dafür verantwortlich gemachte Graf F. tatsächlich die Schuld trägt. Diese Annahme wird im Text bestätigt, da der Marquise berichtet wird, der Graf F. sei erschossen worden und habe im Moment seiner

---

[5] Erika Berroth: Heinrich von Kleist : Geschlecht, Erkenntnis, Wirklichkeit. New York: Peter Lang Publishing Inc. 2003, S. 35f.
[6] Vgl. ebd., S. 37-46.
[7] Ebd., S. 36.

Ermordung „Julietta[8]! Diese Kugel rächt dich!"[9] gerufen. Geht man von der Korrektheit dieser Information aus[10], ist das ein klares Zeichen dafür, dass der Graf F. der Marquise zu einem Zeitpunkt seines Lebens etwas Negatives angetan haben muss, da ansonsten die Deklaration der Ermordung als „Blutrache" nicht angebracht gewesen wäre. Angesichts der Tatsache, dass die beiden Protagonisten sich vor dem Vorfall während der Schlacht, in der die Vergewaltigung stattgefunden haben soll, nicht kannten und auch zwischen diesem Zeitpunkt und der Erschießung des Grafen F. keinen direkten Kontakt zueinander hatten, ist die Passage um den Gedankenstrich die einzige, in der der Graf F. die Gelegenheit hatte, der Marquise etwas anzutun, was die von ihm definierte Blutrache[11] rechtfertigen würde.

Um nach heutigem Verständnis von einer Sexualstraftat zu sprechen, müssen gewisse Bedingungen erfüllt sein. Der Graf F. muss daher entweder gegen den Willen oder aber ohne das Wissen der Marquise mit dieser den Geschlechtsakt vollzogen haben. Die Marquise schien zunächst vom Grafen F. vor einer mit dem Ausdruck „Rotte" abwertend konnotierten Gruppe von Soldaten, die offensichtlich kurz davor standen, sie zu misshandeln gerettet worden zu sein.[12] Darauf folgte möglicherweise „eine unangemessen verspätete Reaktion auf den Überfall der russischen Soldaten"[13] ihrerseits, woraufhin der Graf F. ihr in ihrem Glück über die Rettung wie „ein Engel des Himmels zu sein"[14] schien. „Die Ohnmacht, in die sie flüchtet, ist, wie bei Kleist so oft ein Zeichen, dass es [ihr biologisches Selbstverständnis] weiß, was kommen wird, [...] [da] sie es ja schon unmittelbar vorher hatte fürchten müssen [...], da die Russen sie den schändlichsten Misshandlungen auszusetzen gedroht hatten."[15] Aber ließ sie die Tat aus bloßer Hoffnungslosigkeit spartanisch über sich ergehen? Später im Werk heißt es, sie habe „es im Schlaf getan"[16] und sie treffe daher keine Schuld[17]. Aufschluss darüber könnte eine Aussage des Grafen F., also des Täters, geben. Metaphorisch beschreibt er, „wie er die Vorstellung von ihr [...] immer mit der [...] eines Schwans verwechselt hätte, den er, als Knabe, [...] gesehen"[18] habe, und, dass er ihn „einst mit Kot beworfen [habe], worauf dieser

---

[8] Name der Marquise.
[9] Kleist: Die Marquise von O..., S. 18.
[10] Der Graf F. ist, anders als berichtet, nicht gestorben, sondern hat schwer verletzt überlebt. Nichts desto trotz ist der Sachverhalt, dass er während seiner Erschießung den genannten Satz aussprach, korrekt.
[11] Da es kein aktiver Racheakt ist, handelt es sich nicht um eine Blutrache im eigentlichen Sinne, sondern lediglich um die Deutung der Tötung.
[12] Vgl. ebd. S. 11.
[13] Christine Künzel: Vergewaltigungslektüren. Zur Codierung sexueller Gewalt in Literatur und Recht. Frankfurt am Main: Campus Verlag 2003, S. 16.
[14] Kleist: Die Marquise von O..., S. 11.
[15] Heinz Politzer: Der Fall der Frau Marquise. In: Heinrich von Kleist, Thomas Kopfermann (Hgg.): Die Marquise von O.... Editionen mit Materialien[1]. Stuttgart: Ernst Klett Verlag GmbH 2009, S. 56.
[16] Kleist: Die Marquise von O..., S. 73.
[17] Ebd. S. 73.
[18] Kleist: Die Marquise von O..., S. 37.

still untergetaucht"[19] sei. Der Vergleich, den der Graf F. mit dieser Metapher zieht, resultiert aus inneren Konflikten, die wiederum aus Reueempfinden entstehen. Und Reue, einem Schuldeingeständnis gleichend, bezeugt in gewisser Weise eine Schandtat, die in diesem Falle deutlich als die Vergewaltigung der wehrlosen Marquise zu definieren ist.

4. Motiv der Vergewaltigung

4.1. Gesellschaftliche Werte

Die gesamte Handlung basiert auf der Relevanz gesellschaftlicher Werte. So gibt die Marquise zu Beginn eine Annonce auf, „daß sie, ohne ihr Wissen, in andre Umstände gekommen sey, daß der Vater zu dem Kinde, daß sie gebähren würde, sich melden solle; und daß sie, aus Familien-Rücksichten, entschlossen wäre, ihn zu heirathen."[20] Ein solch öffentliches Geständnis war in der konservativen Gesellschaft der damaligen Zeit generell absolut inakzeptabel, da sie ihrer Familie mit der offenen Bekundung eines Kindes in den vorhandenen Umständen einen schlechten Status beschert. So ist die Rede von einer „Schande, die die Marquise über die Familie gebracht hatte"[21], es sei ein „Schandfleck in der bürgerlichen Gesellschaft."[22] Einzig die Tatsache, dass es sich bei der Marquise um eine Witwe[23] handelt, schwächt diese Schmach immens ab. Die Konzeption dahinter ist, dass die Marquise während ihrer Schwangerschaft weder ein uneheliches Kind austrägt, was einer Schande geglichen, da sie ja bereits verheiratet war, noch Ehebruch beging, da ihr Mann bereits gestorben war. Und dennoch war ein Kind, dessen Erzeuger nicht bekannt war, sowohl in der konstruierten Gesellschaft in der *Marquise von O...*, als auch in der tatsächlichen untragbar.

> Kleists „,[...]Geschichte der Marquisin von O. kann kein Frauenzimmer ohne Erröthen lesen' konstatierte [...] eine zeitgenössische Leserin [...] im Jahr 1811. Diese entrüstete Reaktion bestätigt, wie sehr Kleist mit der Erzählung über die unbewußte Empfängnis und ihre öffentliche Bekanntmachung durch die Marquise an ein gesellschaftliches Tabu gerührt hatte. Über die Zusammenhänge von Sexualität, Zeugung und Schwangerschaft ließ sich allenfalls in verstecken Anspielungen reden; einer Dame von Stand jedoch, und sei sie auch eine Erfindung der Literatur, wollte man in der Offenheit eines direkten Bekenntnisses ihrer Schwangerschaft nicht zugestehen."[24]

---

[19] Ebd. S. 37.
[20] Ebd. S. 7.
[21] Ebd. S. 64.
[22] Ebd. S. 62.
[23] Vgl. ebd. S. 7.
[24] Sabine Doering: Wie kommt Kleist auf die Love Parade? Die Inszenierungen der *Marquise von O....* In: Kleist-Archiv Sembdner (Hgg.): Heilbronner Kleist-Blätter[13]. Heilbronn 2002, S. 68.

4.2. Vergewaltigungsmotiv in der Literatur

Und trotz dieses Echauffements ist das Motiv der Vergewaltigung in der Literatur nicht ganz einmalig. Auch in Goethes *Heidenröslein* taucht symbolisch ein solches Vergehen auf. Neben einigen verstecken Hinweisen im Text, inklusive der Phrase „Ich steche dich, dass du ewig denkst an mich"[25], sorgt auch die Wortwahl, beispielsweise mit dem negativ konnotierten Ausdruck „brechen", welches semantisch grundsätzlich mit einer Zerstörung des zu brechenden Objektes assoziiert wird, für den Eindruck, dass das Gedicht von einer Vergewaltigung erzählt. Doch wie in der *Marquise von O...* ist auch dort keine direkte Darstellung der selbigen vorhanden.

5. Fazit

Kleists Novelle *Die Marquise von O...* ist in vielerlei Hinsicht kontrovers. Die Tatsache, dass der Autor die Schlüsselszene in Länge und Form eines Satzzeichens zusammenstaucht, macht sie erst zu dieser. Dem Leser scheinen alle Möglichkeiten der Interpretation offen zu sein. Bei erstmaliger Lektüre ist es gewissermaßen nicht möglich, das gesamte Ausmaß der einzelnen Komponenten der Novelle direkt zu überblicken und Stück für Stück müssen die Handlungen, vielmehr jedoch die Gedanken der Figuren hinterfragt und ständig erneut beurteilt werden. Unter Berücksichtigung einiger Textpassagen lässt sich im Verlaufe der Geschichte nachvollziehen, dass in der entscheidenden und durch den Gedankenstrich ersetzten Szene eine Vergewaltigung stattgefunden haben muss, in der sich der Graf F. an der Marquise verging, ohne, dass sie bei Bewusstsein war. Ihre Ohnmacht schien echt und vollständig gewesen zu sein, da sie den Anschein erweckt, sich tatsächlich an die Situation nicht erinnern zu können. Darüber hinaus liefert auch der Graf F. durch einige Aussagen den Beweis, dass ein von ihm ausgehendes Delikt stattgefunden hat, womit abschließend bewiesen wäre, dass die Marquise gewissermaßen „während" des Gedankenstrichs missbraucht wurde.

---

[25] Eugen Joseph: Das Heidenröslein. Berlin: Verlag von Gebrüder Paetel 1897, S. 13.

Literaturverzeichnis

Erika Berroth: Heinrich von Kleist : Geschlecht, Erkenntnis, Wirklichkeit. In: Peter Lang (Hgg.): Studies on Themes and Motifs in Literature[58]. New York: Peter Lang Publishing Inc., 2003.

Sabine Doering: Wie kommt Kleist auf die Love Parade? Die Inszenierungen der *Marquise von O...*. In: Kleist-Archiv Sembdner (Hgg.): Heilbronner Kleist-Blätter[13]. Heilbronn 2002, S. 65-78.

Thierry Greub: Zwischen Vergewaltigung und Verkündigung. Cy Twomblys Plastik >*Madame d'O*< und Heinrich von Kleists >*Die Marquise von O*....<. In: Heinrich-von-Kleist-Gesellschaft, Günter Blamberger, Ingo Breuer, Wolfgang de Bruyn und Klaus Müller-Salget (Hgg.): Kleist Jahrbuch 2014. Stuttgart/Weimar: Verlag J.B. Metzler 2014, S. 82-99.

Dieter Harlos: Die Gestaltung psychischer Konflikte einiger Frauengestalten im Werk Heinrich von Kleists. Frankfurt am Main: Verlag Peter Lang GmbH 1984.

Eugen Joseph: Das Heidenröslein. Berlin: Verlag von Gebrüder Paetel 1897.

Heinrich von Kleist, Thomas Kopfermann (Hgg.): Die Marquise von O... Editionen mit Materialien[1]. Stuttgart: Ernst Klett Verlag GmbH 2009.

Heinrich von Kleist, Roland Reuß (Hgg.): Die Marquise von O.... Berliner Ausgabe. Berlin: Stromfeld/Roter Stern 1989.

Christine Künzel: Vergewaltigungslektüren. Zur Codierung sexueller Gewalt in Literatur und Recht[1]. Frankfurt am Main: Campus Verlag 2003.

Barbara Wilk-Mincu: Kleists *Marquise von O...* in der bildenden Kunst. In: Kleist-Archiv Sembdner (Hgg.): Heilbronner Kleist-Blätter[18]. Heilbronn 2002, S. 11-81.

BEI GRIN MACHT SICH IHR WISSEN BEZAHLT

- Wir veröffentlichen Ihre Hausarbeit, Bachelor- und Masterarbeit

- Ihr eigenes eBook und Buch - weltweit in allen wichtigen Shops

- Verdienen Sie an jedem Verkauf

Jetzt bei www.GRIN.com hochladen und kostenlos publizieren